AF313241

STÉNOGRAPHIE

DES COURS.

SEMESTRE D'ÉTÉ.

ANNÉE SCOLAIRE 1835—1836.

COURS

DE LITTÉRATURE.

M. AMPÈRE FILS, PROFESSEUR.

PREMIÈRE LECON

13 avril 1836.

MESSIEURS,

Avant de reprendre notre cours interrompu pendant quelques jours, jetons un coup d'œil rapide sur les dernières leçons du semestre écoulé.

Nous avons vu au ive siècle, d'une part, le développement de la littéraire païenne, et, en regard, le développement de la littérature chrétienne dans la Gaule; d'un côté c'était Ausone et les trente rhéteurs de Bordeaux; du côté des Chrétiens c'était, non pas des rhéteurs, mais des pères, des

(2)

saints, des hommes combattant pour des opinions qui leur étaient sacrées.

Sur ces entrefaites arrivent les Barbares, et de cette invasion naît un nouveau mouvement littéraire que nous avons étudié par rapport et à la littérature païenne, et à la littérature chrétienne, pour déterminer les principales influences que l'invasion a exercées sur chacune.

Ainsi, nous avons vu la littérature de la Gaule, tant chrétienne que païenne, avant l'arrivée des Barbares; puis, cette même littérature pendant l'invasion, et enfin après l'invasion; nous rentrons dans la littérature latine de la Gaule. Nous ne ren-contrerons presque plus de traces, ou du moins nous ne rencontrerons plus que des traces bien fugitives de la littérature païenne : elle n'avait pas assez de force, ébranlée qu'elle était par ses luttes avec le Christianisme, pas assez de force pour se maintenir contre la barbarie, qui la fit disparaître, l'effaça en passant. La littérature chrétienne fut bien atteinte, foulée aux pieds, écrasée, anéantie en apparence par les Barbares, et c'est le triste pectacle qu'elle nous présentera dans les viie et le viiie siècles; mais elle avait en elle un principe de vie et d'avenir, et, après avoir été momentanément courbée et flétrie par la barbarie, elle se relèvera quand Charlemagne lui tendra ses mains puissantes. Nous n'en sommes pas encore là.

Nous allons nous occuper aujourd'hui à chercher, dans la littérature latine contemporaine de l'invasion des Barbares, le contre-coup de ce grand événement. Nous allons à cet effet rassembler de petits poèmes appartenant à des auteurs divers, contenant des traces curieuses de l'impression morale produite par l'invasion sur l'esprit de cette civilisation gallo-romaine. Nous en trouverons le récit mêlé de sentences et d'idées qui naquirent par le contact de l'invasion.

Le premier de ces poèmes est un poème satyrique; il porte le nom de Claudius Marius Victorinus, ou Victor, rhéteur chrétien du cinquième siècle, à Marseille. C'était un chrétien qui continuait la tradition et l'enseignement de la rhétorique païenne, chrétien à la manière d'Ausone, mais plus chrétien cependant qu'Ausone, qui n'était guère chrétien que de nom. C'est que le christianisme avait gagné avec le temps; il avait subi de durs enseignemens, passé par de sévères épreuves; il était devenu plus austère, plus sérieux, plus penseur. Les poésies d'Ausone étaient molles, traînantes et empreintes de ce vague que laisse après elle l'insouciance d'une vie paisible; les poésies de Claudius Victor, opprimé par l'invasion et les rigueurs qu'elle apporte aux vaincus, sont sérieuses; il ne se contente pas d'écrire nonchalamment des choses sans importance, il y a de la force dans la poésie destinée à peindre son temps avec l'intention de le flétrir et de le redresser.

C'est le premier exemple d'un poète satirique chrétien, et à ce titre, il est digne de nous arrêter.

La satire païenne qui naquit à l'époque de la décadence des lettres était pleine de déclamation et de rhétorique; un autre caractère qui lui est propre, c'est qu'elle a toujours participé aux vices contre lesquels elle s'élevait si chaleureusement; c'est que, sortie d'un ensemble d'idées dans lequel la corruption avait la plus grande part, elle fut la complice de ces vices et de ces désordres qu'elle attaquait; c'est qu'enfin ces vices inhérens à la société païenne ont rejailli sur la main qui voulait les flétrir : Juvénal nous offre un triste exemple de cette vérité.

Il n'en fut pas ainsi de la satire chrétienne. Le christianisme, pur dans son principe, devait rester pur aussi dans cette expression nouvelle de la parole et de l'enseignement. Aussi la satire chrétienne a-t-elle paru d'abord sur un terrain profondément chaste, se faisant en quelque sorte l'émule de la chaire à la naissance de laquelle elle se rattachait, et où elle avait fait entendre ses premiers accens. On trouve dans saint Ambroise des satires, des peintures de mœurs qui ont donné l'exemple de cette alliance de la satire et de l'éloquence chrétienne.

Ici nous trouvons une satire proprement dite, un poème, et de même que dans les homélies de saint Ambroise il y avait des satires, de même dans Claudius Marius Victor, on trouve des homélies.

L'auteur raconte ensuite comment il revient à Marseille, où il a une longue conversation avec l'évêque de cette ville, l'évêque Salomon; celui-ci l'invite à se placer avec lui à l'ombre d'un berceau formé de ceps de vigne :

Frondoso vitis in antro.

— Là les deux amis s'entretiennent des choses
du temps. Claudius Victor demande à Salomon où en sont les affaires de l'église, maintenant
que les liens sont relâchés par la peur, maintenant
que les Barbares se ruent sur les chrétiens, que
les riches songent plutôt à sauver leur fortune que
leur ame, et que l'intérêt particulier, réveillé par
le péril, est venu créer un ennemi intérieur dans
cette société dominée par l'invasion. Hélas! s'écrie-
t-il, nous sommes le butin du péché; « il nous
» enchaîne, et nous avons bien moins besoin de
» relever les ruines de nos maisons, de réparer
» nos campagnes, que de relever les ruines de
» notre intelligence. »

Vous le voyez, Messieurs, le motif de la satire
de C. Victor, c'est la négligence avec laquelle les
chrétiens de son temps s'occupent des choses de
Dieu. Il attaque aussi d'autres genres de corruption, il attaque les philosophes qui, au lieu de
se convertir, continuent à se perdre dans l'étude
de vaines sciences, comme l'astrologie; qui cher-
chent à connaître ce que Dieu seul peut savoir,
et qui, ajoute-t-il, paraissent le savoir : *Scire vi-
dentur*. Ces paroles semblent montrer qu'ils
avaient des disciples, et ce fait, nous y revenons,
parce qu'il est important, et qu'il nous montre l'état
de la science et de la philosophie à cette époque,
parce qu'il semble envelopper du soupçon de
paganisme tous ceux qui s'adonnaient à l'étude

des sciences physiques, et ce soupçon ne s'est que bien tard dissipé.

Après ces diverses attaques, le poète passe aux femmes; il leur reproche leurs vanités mondaines, leurs pierreries, leurs parures qu'elles portent jusque dans les basiliques chrétiennes, et en présence des Alains et des Goths. Il reproche à Lesbie son goût pour les perles précieuses, à Prassinia ses tuniques de pourpre. On voit, dans tous ces détails de mœurs et de costumes, jusqu'à quel point la vie païenne, avec sa philosophie, ses habits élégans, était la vie du présent, insoucieuse du lendemain, même en face de l'invasion des Barbares. On y trouve aussi des traces des habitudes littéraires de ce temps-là; alors on lisait encore Térence, Virgile, Horace, et le poète lui-même, tout en attaquant ces usages, ne se soustrait pas plus que les autres à l'influence de la littérature païenne : sans cesse on trouve dans les vers de ses satires des réminiscences de Tibulle et d'Ovide.

Ce petit poème a cet intérêt, qu'il montre la dernière lueur de la littérature païenne dans les Gaules, en présence des Barbares et au milieu d'eux.

L'autre poème de ce temps-là est de Paulin, petit-fils d'Ausone, dont la vie très-longue fut remplie d'une foule d'événemens et de vicissitudes. Il commença à être célèbre dans les dernières années du quatrième siècle. Il vécut durant une grande partie du cinquième ; à l'âge de quatre-vingt-quatorze ans, il écrivit ses confessions , qu'il intitula *Eucharisticon.* Ces confessions embrassent sa vie tout entière, et si nous en parlons comme de son œuvre la plus importante, ce n'est pas qu'elles soient sans vice de forme; au contraire, elles sont écrites d'un latin barbare et presque incompréhensible; mais c'est pour l'intérêt unique qu'elles présentent, d'offrir le tableau d'une destinée longtemps errante, heureuse et malheureuse tour à tour, destinée qui se retrouve avec bien des analogies dans les destinées contemporaines.

Nous allons le suivre rapidement à travers sa longue carrière; ce sera assister à toutes les phases possibles d'une existence d'homme en ce temps-là.

Paulin naquit en Grèce, dans la Macédoine, à Pella, la patrie d'Alexandre-le-Grand; à l'âge de trois ans il fut apporté à Bordeaux près de son grand-père Ausone, qui vivait encore. Il raconte d'abord ses premières études de l'antiquité auxquelles il resta fidèle, quoiqu'elles fussent abandonnées par la génération dans laquelle il vivait. (On a vu que les lettres étaient païennes à la fin du ive siècle, et que la littérature païenne disparut tout-à-fait au milieu du ve siècle). Paulin s'exprime sur cette décadence en termes amers et pleins de regrets : «quoique, dit-il, la pratique de l'instruction n'existe plus depuis long-temps, quoique dans ce siècle de décadence l'antiquité latine et grecque ne soit plus en honneur, l'étude m'en charme toujours, je l'avoue, et ces études d'un autre temps plaisent à ma vieillesse. »

A cinq ans, il étudiait la philosophie de Socrate,

et la poésie d'Homère. Il avoue toutefois qu'il eut quelque peine à apprendre le latin, étant Grec d'origine, et il a raison de s'en excuser; car ses ouvrages en latin sont écrits, comme nous l'avons dit, de la manière la plus barbare. Cependant il travaillait avec ardeur quand une fièvre l'arracha à ses travaux, et par ordre de sa famille, il se livra aux plaisirs et aux amusemens de la jeunesse.

Ici commence la peinture de la vie d'un jeune patricien gaulois; il parle du plaisir qu'il éprouvait à avoir de beaux chevaux, des écuyers de grande taille, des éperviers pour la chasse, des amis joyeux comme lui et des vêtemens imprégnés des parfums les plus rares. Remarquez, Messieurs, l'analogie qui existe entre ces goûts et ceux de la noblesse postérieure, les chevaux, l'épervier, l'écuyer de grande taille ; c'est bien là l'existence d'un jeune seigneur du moyen-âge.

Cette vie joyeuse dura de sa dix-huitième à sa vingtième année, après quoi ses parens le forcèrent à se marier. Il épousa une femme parée du nom d'une ancienne famille, mais peu faite pour plaire. Il devint chef de famille ; il dirigea les travaux de ses gens, et parvint à se mettre en règle avec le fisc romain, éminemment tracassier pour la propriété territoriale. Du reste, il ajoute qu'il n'était pas ambitieux, ne désirant qu'une honnête opulence, une maison également appropriée à toutes les saisons, des esclaves jeunes et beaux, des artistes prêts à exécuter toutes ses volontés, de belles voitures, etc... La vie de Paulin était ainsi opulente et sereine, lorsque vinrent fondre sur lui deux grands malheurs : la mort de son père et l'invasion des Barbares qui pénétrèrent, dit-il , *in viscera imperii.*

Ici commence la série de ses infortunes. Il eut d'abord un procès à soutenir contre son frère au sujet du testament de son père et des biens de sa mère. Sa fortune courut aussi de grands dangers, exposée à la rapine organisée par les agents du fisc romain.

Quand les Goths arrivèrent, ses propriétés furent épargnées pendant la conquête, et il continua sa vie de délices : « *Evinctisque bonis in tempore duro* ». Seulement il confesse que sa maison était vouée au malheur, parce qu'elle n'était ni protégée ni habitée par les Goths victorieux (ce qui confirme, quoi qu'on ait dit de la barbarie des Goths, la grandeur d'ame et l'humanité avec lesquelles nous savons déjà qu'ils cherchaient à protéger leurs hôtes). La faveur de l'empereur Attale fut plus funeste que tout cela à Paulin. Il prit fantaisie à ce fantôme d'empereur, qui ne fit que paraître et disparaître, de lui donner le titre de comte, et les Goths, qui n'aimaient pas l'empereur, brûlèrent la maison de son protégé ; celui-ci se réfugia à Bazas, patrie du père d'Ausone. Mais bientôt cette ville fut elle-même assiégée par les Goths, auxquels s'était jointe une horde d'Alains. Et tandis que les habitans soutenaient le siége contre l'ennemi extérieur, au dedans, la populace se soulevait, faisait émeute ; il y avait *bagaudes,* « *insurrectio servilis* ». C'était déjà la *jacquerie,*

armée spécialement pour détruire la noblesse,
« *armata in cædem specialem nobilitatis* ».

Paulin échappa à ces ennemis extérieurs, mais
le siége durait toujours ; il entreprit une négocia-
tion assez singulière, et qui montre comment se
passaient alors les choses entre assiégeans et assié-
gés. Paulin savait que le roi des Alains ne se sou-
ciait pas beaucoup de ses compagnons. Il va le
trouver, et l'engage à lever le siége à des condi-
tions avantageuses. Mais le roi barbare repousse
ses offres et veut le retenir prisonnier, à moins
qu'il ne le fasse entrer avec lui dans la ville. L'effet de cette déclaration fut un coup de foudre
pour Paulin qui avoue franchement sa peur dans
ces mots : « *Obstupui, fateor, pavefactus condi-
tione* ». Cependant, il ne se décourage pas, il continue à négocier, et le chef alain entre dans la ville
avec tous ses guerriers, leurs femmes, leurs enfans, leurs troupeaux, établit son camp sur les
places, couvre les murailles de ses soldats, et attend
dans cette position les Goths, ses anciens alliés,
qui s'éloignent sans oser tenter le sort des armes.

Comme vous le voyez, Messieurs, rien ne sau-
rait peindre mieux l'abaissement des pouvoirs de
ce temps que l'abandon dans lequel les villes
étaient laissées ; un empereur dont la faveur com-
promet ceux à qui il l'accorde, un particulier qui
négocie avec l'ennemi, et s'en fait des alliés mo-
mentanés pour sa ville, tout cela dans un coin
de l'empire romain, sans qu'aucune autorité in-
tervienne ; et ce qui s'est passé à Bazas a dû souvent se reproduire ailleurs.

Après toutes ces agitations, toutes ces vicissitudes, Paulin se convertit au christianisme, et à la fin de sa carrière, il revient sur son passé, et écrit la longue histoire de sa vie. « Je meurs dans l'exil, dit-il, privé de ma mère, de ma sainte épouse qui sont mortes, de mes fils, de tout ce qui m'est cher ». En effet, il avait vu disparaître ou s'éloigner tout ce qui peut retenir à la vie. Ses fils l'avaient quitté, le premier pour aller à Bordeaux, afin, dit-il, d'être plus libre, ce qui prouve encore qu'il n'était pas si difficile de vivre sous la domination des Goths que sous la domination romaine ; l'autre avait pris du service à l'armée du roi des Goths, où il cherchait fortune, selon ses propres expressions, « *inter amicitias regis et iras* » : parole qui exprime bien la position des Romains qui prenaient du service auprès des rois barbares, et qui rappelle la triste destinée du stoïque et malheureux Boëce.

Enfin, ayant tout perdu, n'attendant plus rien que de Dieu, Paulin s'établit près de Marseille ; là il choisit, avec quelques saints personnages qui lui sont chers, une pauvre maison, un petit jardin, et un champ aride de quatre arpens. Sa maison était située sur les bords d'un rocher, « de peur, dit-il, que je ne paraisse enlever un peu de terre. » Vous voyez à quelle extrémité il est réduit. Il se retranche sur une roche aride pour qu'on ne l'accuse pas de prendre de la terre à personne. Quelle différence de cette fin avec les brillans débuts de sa carrière ! Il en est réduit à faire valoir de ses mains quelques champs affermés; mais bientôt les chagrins et les années le privent même de cette dernière ressource. Sur le déclin de sa vie, un Goth qui lui avait acheté une terre, touché de sa misère présente, lui en envoie le prix, ou du moins une partie du prix, ce qui montre encore que les Goths n'étaient pas tellement barbares que l'on ne rencontrât en eux de précieuses qualités.

Enfin, Paulin termine le récit de sa longue carrière, par des actions de grâces ; et c'est encore un triomphe du sentiment chrétien que de terminer par des actions de grâces le récit d'une vie si malheureuse.

Ce petit poème intéressant nous montre les diverses phases de ces existences d'hommes errans et précipités dans les malheurs du siècle, ne se laissant point abattre par l'infortune, et soutenus, comme Paulin, par la foi chrétienne.

Il me reste encore à parler de deux autres petits poèmes, attribués tous deux à saint Prosper. Le premier est adressé à sa femme, pour l'engager à se vouer à Dieu au milieu des malheurs qui fondent sur l'empire. Celui-ci peut appartenir, à la rigueur, à saint Prosper ; mais l'autre est semé d'idées semi-pélagiennes, et de réflexions sur la grâce qui sont en opposition avec les principes de cet écrivain ; aussi, malgré le témoignage de Beda, comme nous en trouvons les vers plus harmonieux que ceux de son grand poème, nous persistons à douter que ce second ouvrage soit de lui.

Dans le premier, il y a, avons-nous dit, une allocution touchante à la compagne de ses jours, pour l'engager à vouer à Dieu le reste de son existence. Cette pièce intéresse, même par le choix des expressions, parce qu'elle est pensée et écrite sous l'impression du terrible événement de cette époque. « Tu vois, dit-il, nos jours emportés dans un mouvement de rotation si rapide que tout ce que nous avons nous échappe, tout ce que nous aimons s'évanouit, tout ce que nous avons nous est arraché ». Il peint ensuite les changemens de destinées qui passèrent sous ses yeux. « L'ambitieux porté hier sur un char rapide par de fougueux coursiers, traîne aujourd'hui sa misère à pied, presque sans pain et sans chaussure ; celui qui naguère sillonnait les mers de ses flottes aux ailes de pourpre, manie aujourd'hui les avirons d'une petite barque de pêcheurs, *incumbunt reges regibus* ; la fin du monde approche, tout l'annonce, et quand le monde ne finirait pas, nous finirons bien vite ».

Ces vers ont un grand charme ; partout ils sont semés de pensées élevées, comme celle-ci : « Les forêts vieillissent sans mourir, les champs se couvrent à chaque printemps de nouvelles fleurs, les *choses* restent, mais nos pères ne sont pas restés ».

Vous voyez, Messieurs, qu'il y a bien quelque poésie dans les arts, même à une époque de barbarie, quand ils sont inspirés par une foi vive.

« Ce Dieu auquel je veux consacrer quelques derniers jours de vie, s'est immolé à cause de moi ; à cause de moi il s'est laissé crucifier ; il est devenu une partie de moi, et moi une partie de lui-même ».

Le poète termine en s'adressant à sa femme :

« Je t'en supplie, toi qui fus ma joie dans ma tristesse, viens, consolons - nous doublement, soyons-nous en aide l'un à l'autre, protège qui t'a protégée, relève-moi si je tombe, si tu tombes je te relèverai, afin que nous ne soyons pas deux ames dans deux corps, mais une seule ame ».

L'autre poème a pour titre : *De Providentia carmen.* Il a été compris dans les œuvres de saint Prosper ; mais l'on y trouve des idées qui ne peuvent avoir été écrites que par un de ses adversaires, un pélagien. Pour supposer que saint Prosper ait écrit ce poème, il faudrait admettre qu'il l'eût fait quinze ans au moins avant le premier, alors qu'il n'était pas encore arrêté sur les principes qu'il professa dans sa vieillesse. Le même fait est arrivé à saint Augustin, et l'on peut s'appuyer de cet exemple ; mais nous aimons mieux croire que l'auteur de ce poème est inconnu.

Il répond à un ami qui lui a demandé pourquoi il ne fait plus de vers : « Heureux, s'écrie-t-il, qui garde son âme libre dans les temps de malheur et de corruption, heureux qui n'en est pas brisé ! » Puis il ajoute que la peine la plus grande qu'il éprouve au milieu de tant de peines diverses, c'est qu'on fasse remonter à Dieu l'accusation de tant de désastres.

« Quel crime a commis cette ville pour que cette ville périsse ? Et tant de peuples, quel mal ont-ils fait pour être broyés sans miséricorde ? Toi-même, réponds-nous, courbé sous le fardeau dont les vainqueurs ont chargé tes épaules nues, vieillard,

qu'as-tu fait pour que ton Dieu te châtie ainsi ;
va ! c'est toujours le crime qui prospère , et nous
vomissons des imprécations contre la Providence».
Ainsi fait-il parler les impies de son temps ; mais
il leur répond par un long exposé du dogme chrétien : «*Dieu* veille sur le monde»; arrivent ensuite
de beaux vers sur *l'immensité*. Puis il réfute les
objections des épicuriens de son temps. « Vous
qui prétendez être heureux sans obéir au gouver-
nement et aux lois de Dieu, dites si les saisons, si
les phénomènes naturels n'offrent pas des signes
certains d'un ordre, d'une régularité qui leur est
imprimée par Dieu » . Et après les avoir menacés
de la vengeance céleste s'ils ne se convertissent, il
continue: « Dieu vous punira, car il est éternel » .
Phrase qui semble inspirée de celle de Saint-Au-
gustin : «Dieu est patient, parce qu'il est éternel».
Et ailleurs : « pour les bons la mort n'est pas un
mal, et les bons deviennent quelquefois mauvais
faute de revers utiles. Le malade se plaint des re-
mèdes et des opérations ; Dieu est le grand méde-
cin, et sa main puissante n'épargne pas les ulcè-
res de notre âme » .

Nous ne nous arrêterons pas plus long-temps
aux détails, parce que nous aurons occasion d'y
revenir à propos de Servien, dont nous nous occu-
perons la prochaine fois.

Le fait que j'ai désiré mettre en lumière aujour-
d'hui, Messieurs, c'est que la grande idée de la
Providence s'élève dans l'époque que nous avons
parcourue au-dessus de toutes les calamités publiques ou particulières. Or, cette pensée d'une

Providence supérieure à tous les événemens man-
quait essentiellement au polythéisme. Les Grecs et
les Romains ne connaissaient au-dessus des choses
humaines que la fatalité ou la nécessité. Jupiter
lui-même y est soumis, et quand Homère pèse la
destinée des Grecs et des Troyens, c'est la destinée qui tient la balance. Je sais bien que Platon
avait entrevu l'idée d'une Providence ; que, dans
des temps plus rapprochés, Sénèque avait entrevu
un certain nombre des vérités du christianisme ;
mais tout cela n'a rien produit au-delà du fatalisme
stoïcien. C'est réellement le christianisme qui a
proclamé dans toute son étendue sublime l'idée
de la providence. Cette idée était bien en principe, en germe dans le Jéhova des Juifs, mais
elle était restreinte à un seul peuple; il apparte-
nait au christianisme de l'étendre à l'humanité;
il a appris aux hommes à appeler *Dieu*, *mon
père*, et cette idée remplit les ouvrages des
premiers chrétiens et des pères de la primitive
église.

Cette vérité n'a peut-être jamais été proclamée
aussi énergiquement qu'à cette époque où l'empire était sous le coup de l'invasion des Barbares.
Alors, pour justifier Dieu de ces calamités, la voix
des poètes que vous venez d'entendre s'éleva.
Saint Augustin avait déjà parlé, Salvien prit ensuite la parole, Salvien le plus éloquent peut-être
des orateurs chrétiens qui aient écrit entre Saint-
Augustin et Bossuet.

Dès aujourd'hui, j'étais bien aise de vous pré-
parer à cette grande pensée de la justification de

Dieu , par le spectacle des choses du monde, et en quelque sorte malgré les apparences des choses du monde, telle que Salvien la reproduira, et telle que l'indiquait déjà l'auteur du poème *de Providentia*, où nous voyons cette grande clarté, cette grande lumière , cette idée de la Providence gouvernant le monde, briller au travers des ténèbres, et d'autant plus brillante que les ténèbres sont plus profondes.

Oui, Messieurs, c'est un grand spectacle que de voir l'esprit humain s'élancer du sein de ce qui semble devoir l'écraser, monter plus haut, s'élever au delà, et retrouver la main de Dieu derrière cet ensemble d'événemens qui semblait ne devoir produire que des désordres. C'est véritablement comme ces astres dont la nuit obscure révèle la splendeur, ou qui, cachés par une éclipse passagère, reparaissent plus brillans encore, comme pour mieux faire comprendre l'ordre immuable et les lois éternelles qui les gouvernent.

DEUXIÈME LEÇON.

15 avril 1836.

Messieurs, nulle part l'impression produite par l'invasion barbare ne s'est montrée plus vive que dans Salvien.

Salvien écrit trop bien le latin et a trop les habitudes des rhéteurs romains pour ne pas avoir reçu l'éducation des rhéteurs de son temps. Il était né à Cologne, et fut probablement élevé à Trèves, ville qui était alors le centre des lettres gallo-romaines.

Sans les graves événemens qui remplissent le ve siècle, Salvien n'eût peut-être été qu'un bel-esprit chrétien; mais les Francs arrivèrent et lui donnèrent de l'éloquence. Ils brûlèrent Trèves et Cologne, et ces villes nombreuses qui s'élevaient sur les bords du Rhin et fermaient la frontière de la civilisation romaine dans le Nord. Salvien, frappé d'épouvante, fugitif comme tant d'autres, se retira dans le midi de la Gaule, vint à Marseille, et fut recueilli par les hommes saints et savans dont nous avons déjà parlé, qui conservaient, comme Euchée, saint Alès d'Arles et quelques autres, le dépôt de la culture chrétienne. C'est là, encore ému des malheurs qui avaient frappé son imagination, qu'il revêtit cette teinte lugubre que l'on retrouve dans tous ses ouvrages, et à laquelle le séjour du midi vint encore joindre son ardente âpreté.

Nous avons quelques lettres de lui qui donnent peu de lumière sur son caractère et sur sa vie. L'une d'elles, cependant, le montre altier et hautain ; c'est une lettre à Euchée, évêque de Lyon. Salvien se plaint avec une fierté indignée qu'Euchée lui ait fait apporter des félicitations par un de ses disciples : cela peint bien le caractère fougueux et altier de Salvien.

Une seconde lettre, qu'il écrit au nom de sa femme et de sa fille, à son beau-père et à sa belle-mère, est au contraire d'une aménité et d'une douceur admirables. Il s'adresse donc à son beau-père Ypatius, qui, bien que converti par son gendre au christianisme, gardait depuis long-temps avec lui un silence irrité. Ce silence avait probablement pour motif la détermination de Salvien et de son épouse Palladia, de mener une vie très retirée et de vivre fraternellement, à l'exemple de saint Paulin le confesseur et de Thérasie, et encore d'Euchée et Galla, dont la chasteté avait tant édifié l'Eglise sous leurs yeux.

Salvien écrit cette lettre pour désarmer son beau-père. Il parle d'abord en son nom, puis, s'adressant à sa femme, il lui dit : « Toi, main
» tenant, ô tendre et vénérable sœur ! remplis et
» ton rôle et le mien : prie, afin que j'obtienne ;
» demande, afin que tous deux nous gagnions
» notre cause. Conjure — les donc, et dis - leur
» en suppliant : Qu'ai-je fait? qu'ai-je mérité? par
» donnez, quoi que ce puisse être; je réclame votre

» indulgence sans connaître ma faute. Jamais,
» vous le savez, je ne vous ai offensés, ni par
» manque de respect, ni par insoumission. Jamais
» je ne vous ai blessés d'une parole amère; jamais
» je ne vous ai outragés d'un regard insolent;
» c'est vous qui m'avez livrée à un homme, qui
» m'avez engagée à prendre un mari; vous m'a-
» vez ordonné, s'il m'en souvient bien, avant
» toute chose, d'être soumise à mon époux. Il
» m'a entraînée dans sa religion, il m'a invitée à
» la continence. Pardonnez. »

Plus loin, il lui fait tenir un autre langage;
après ces excuses, il met dans la bouche de
sa femme des souvenirs de jeunesse pour rap-
peler à Ypatius l'enfance de sa fille. « Moi je
» me jette à vos genoux, moi votre Palladia,
» votre *gratuata*, votre chérie, votre petite reine.»

Salvien va plus loin encore; ce n'est plus au
nom de sa femme qu'il va parler, c'est au nom de
sa fille, la petite Auspiciola, et cette forme ora-
toire rappelle involontairement l'usage du barreau
romain, où l'on apportait les enfans pour atten-
drir et pour désarmer les juges.

Je cite cette lettre et ces effusions de l'âme de
Salvien, parce qu'elles nous font assister à une
scène qui a dû se renouveler fréquemment dans
les familles dont certains membres cherchaient
à amener les autres à la foi chrétienne, ou à leur
faire pratiquer la religion de la manière la plus
pure; mais cette lettre est plus remarquable encore par ces sentimens de respect et de tendresse
qui ne sont pas ordinaires à Salvien, et il faut lui
en tenir compte; car si son éloquence manque de

charité, ordinairement d'une certaine effusion, on voit que cette qualité ne manque pas à son âme, et que s'il savait haïr et maudire, il savait aussi bénir et aimer.

Nous avons vu, Messieurs, le commencement de la littérature chrétienne émaner d'une double inspiration : l'inspiration de la satire lancée contre le vieux monde romain, et l'inspiration, l'idée de la Providence grandissant son nom même des calamités qui accablaient les populations de l'Occident en ce temps-là. Ces deux développemens, que je vous ai montrés dans les fragmens du petit poème que nous avons étudié précédemment, se résument, se condensent en quelque sorte dans Salvien, et avec beaucoup plus d'énergie.

Cette tendance se manifeste dès son premier écrit, contre l'avarice, *adversus avaritiam*. C'est un prélude à l'invective et à l'éloquence de son dernier ouvrage ; celui-ci ne parut pas d'abord sous son nom. Le motif qu'il en donne à l'évêque Euchèse, est qu'on lit beaucoup plus un ouvrage sur le nom de l'auteur, que pour ce qu'il contient ; il l'adresse aux diacres, parce que le vice d'avarice était alors commun dans l'église (c'était en 430). Ces invectives seront plus tard reproduites par Dante et par Voltaire, qui firent pour le catholicisme dégénéré et en présence du protestantisme, ce que Salvien faisait, lui, pour le christianisme primitif, déjà divisé en sectes, et relâché dans sa pratique.

Mais l'ouvrage de Salvien le plus complet, est celui qui a pour titre : *De gubernatione Dei*. Dans le dernier siècle, Delille de Sales a fait un ouvrage sous le titre de *Mémoires de Dieu*. Ce titre conviendrait parfaitement à l'ouvrage de Salvien ; en effet, c'est un plaidoyer en faveur de la Providence.

Dès la première ligne, il combat les épicuriens, qui proclament un Dieu inerte, insouciant, *incuriosus*. Cet ouvrage présente quelques analogies avec la *Cité de Dieu* de saint Augustin et l'*Histoire du genre humain* d'Ausone.

Le développement de la pensée de la Providence, et la satire violente contre ceux qui la nient, telle est la substance des huit livres de cet ouvrage de Salvien; quant au plan, il serait difficile d'en donner une juste idée.

Il commence par citer, à l'appui de l'opinion qu'il défend, les auteurs anciens qui ont proclamé la Providence. Il les cite, et ce témoignage est précieux, parce que, dit-il, « la plupart d'entre » eux (les chrétiens auxquels il s'adresse) conser- » vant encore des restes de l'incrédulité payenne, » il pourrait se faire qu'ils préférassent l'autorité » des sages du paganisme, admis peut-être au nom- » bre des élus. Nous allons donc prouver qu'ils n'ont » jamais formé de doutes injurieux à la *providence;* » eux cependant qui, étrangers à la vraie religion, » ne pouvaient connaître *Dieu* d'aucune manière, » puisqu'ils ignoraient la loi qui en donne la con- » naissance.» Vous voyez par cette citation combien Salvien tend à se rapprocher du parti des semi-pélagiens.

Après des exemples extraits des philosophes anciens, il prend ses exemples dans les écritures sacrées; mais à partir du troisième livre, il ne suit plus aucun ordre, il passe d'un argument à un autre, pour revenir au premier ensuite, poussé par l'entraînement de son éloquence : ce n'est plus un fleuve dont on puisse suivre le cours; c'est un torrent sinueux qui roule sans cesse sur lui-même, c'est un flux et reflux incessant; là sont des vagues énormes, confuses, entassées; c'est un océan, mais l'on peut dire que c'est souvent un océan, une tempête d'éloquence.

Pour donner une idée de cette éloquence de Salvien, il faut renoncer à la suivre, et la résumer en quelques mots.

Il dit aux Romains qui se plaignent de voir l'empire envahi par les Barbares, que ces peuples valent mieux : « Nous sommes impudiques parmi les hommes purs et chastes; je dirai plus, ces Barbares se scandalisent de nos impuretés : nous aimons l'impudicité, les Goths la détestent; » et ici il flagelle et ravale au-dessous de leurs envahisseurs les vieux maîtres du monde, et les voue à la justice de Dieu qui, dit-il, les livre aux Barbares, comme on livre le coupable au bourreau. Il présente ce fait de l'*invasion* comme une *expiation*.

Dans toute cette partie de l'ouvrage de Salvien, que de pensées fortes et sombres! que de tableaux de mœurs pressés, multipliés, entassés, qui ont, à côté du mérite de l'éloquence, cette merveilleuse éloquence qui lance la menace et l'anathème, le mérite de reproduire dans tous ses détails la vie de ce temps-là, tableaux puissamment dessinés, pensées sublimes et dominées par la pensée plus grande de la *Providence !*

Mais parcourons les divers ordres d'idées qu'il a fait entrer dans le cadre de sa satire.]

D'abord il s'en prend à la civilisation du peuple romain de son temps tout entier ; il en fait le tableau le plus sévère. (Je me sers ici d'une traduction récente des œuvres de saint Salvien par MM. Grégoire et Collombes, qui se proposent de la faire suivre par diverses traductions d'auteurs chrétiens des premiers siècles). « Comme je » n'ai parlé jusqu'à présent que de jeux et d'in-» famies publiques, peut-être quelqu'un se » persuadera-t-il qu'en cela seulement nous som-» mes inférieurs aux Barbares, parce qu'ils ne » se livrent pas à ces désordres et que nous nous » y livrons ; mais que du reste les Romains ne se » plongent point dans la fange des voluptés char-» nelles, ni dans une avilissante fornication. Com-» parez, si vous le voulez, les Romains et les Gau-» lois et surtout les Aquitains aux nations barba-» res, et vous verrez; nulle part des voluptés plus » raffinées, nulle part une vie plus dissolue, nulle » part des mœurs plus déréglées. Ajoutons à cela » qu'ils se livrent à ces désordres au milieu même » de leurs ennemis, et cela avec l'appréhension de » la captivité, au centre des périls quotidiens ; et » quand le Seigneur, à cause de leurs vices, les a » livrés aux Barbares, ils n'ont point renoncé » toutefois à leurs impuretés, au milieu même » de leurs vainqueurs. »

Ces accusations sont générales, et même elles

9 782329 495767